AF363795

ORTHOLOGIE

1er TABLEAU.

LETTRES SIMPLES.

A a	E e	I i	O o	U u	Y y
a o	E i u	A i O	y a e	Y o	A e U
i u	I o a	i y u	o i a	I O	o y e
O a	A e E	o u o	a y i	e i	y u U

B b	P p	D d	L l	V v	R r
b d p	d d b	l L v	V p r	r R l	B P
D b r	B L v	d V d	r b v	p L d	D
P r L	d R l	V b D	l P r	L v B	p

M m	N n	Z z	S s	C c	T t
t Z c	T n S	t Z c	m T S	S t n	M
N c M	z C n	M n t	S c Z	t T s	z
s C n	M c T	n C n	t N c	M n C	t

F f	G g	J j	H h	Q q	K k	X x
G f	J g	K h	F j	Q q	X q H	k J x
j G	h F j	K q	X h x	J X g	F h	Q
K g	F q	G c	J k H	f G f	x J	g f

EXERCICE RÉCAPITULATIF SUR LES LETTRES.

B i P l L I r b d p q f g M n m
b M i A a e S n v Q e l f I c D
T p L i K s R z E b H V N O S s
o S q J z O v j m d n C c V Y N
Q r v F p Z U t d y G m g n H v

ORDRE ALPHABÉTIQUE DES LETTRES.

ABCDEFGHIJKLMNOPQRSTUVXYZ
abcdefghijklmnopqrstuvxyz

VOYELLES.	CONSONNES.
a e i o u y	b c d f g h j k l m n p q r s t v x z
A E I O U Y	B C D F G H J K L M N P Q R S T V X Z

(Faites indiquer les voyelles et les consonnes.)

b r d s t i v x o n p z c r y u e o a g c d y i l j h k f j
c m o s b n e u n i z k r v a b m g i s v a e o i n d m n p

2ᵐᵉ *TABLEAU* (1ʳᵉ *Partie*).

Prononcez tous les signes de ponctuation.

EXERCICES SUR LES SYLLABES DE DEUX LETTRES SEULEMENT.

Faire réciter de souvenir le texte entier.

bâ / ob	bu / ab	by / eb	bo / ub	bî / yb	bé / ib	la / al	lu / ol	lé / il . ill	ly / el	lo / yl	li / ul
pa / op	po / up	pé / ap	pi / ep	pu / yp	py / ip	va / av	vo / iv	vi / uv	vu / ev	vy / ov	ve / yv
da / ed	di / ad	de / od	du / ud	do / id	dy / yd	ra / er	ri / or	ru / yr	ro / ur	re / ir	ry / ar

Le pè re d'A dè le va à la ri vi è re. Va lè re a
vu la pa ra de, il a a va lé l'o li ve du re. O vi de a
dé ro bé la ly re o va le de pa pa.

A dé la ï de di ra la pa ra bo le, el le la ve ra
l'é lè ve. El vi re a re le vé la pé da le. Il a bu de
la bi è re. Po ly do re a pu li re le dé.

mé / om	ma / am	mu / im	my / em	mo / ym	mi / um	su / as	sa / os	so / us	sy / es	se / ys	si / is
na / un	ni / on	no / en	ne / in	ny / an	nu / yn	ca . ça / oc	cu . çu / ec	cy / uc	ce / ac	ci / yc	co . ço / ic
za / oz	zy / az	ze / uz	zu / ez	zo / iz	zï / yz	to / at	tu / yt	ty / ut	té / it	ta / et	ti / ot

(*) *Faites prononcer comme z l's entre deux voyelles.*

L'a mi de Cé sa ri ne a dé so bé i à l'é co le.
Lu ci le re lè ve sa tê te ma la de. La pe ti te Zo é
se ra la so ci é té de sa mè re. Lu ce ar ro se la
tu li pe et le ré sé da. El le dé pé ça sa ro be.

É mi le dé li re. Lé on vi si te la ca pi ta le.
É lé o no re n'a vu ni le li on ni le la ma.
Ge ne vi è ve a la vé à la ri vi è re. Tu as bu de
l'o pi um et de la ti sa ne a mè re.

Metz, Imp. et Lith. Nouvian.

S dans	sceptre, *scène*, *scélérat*, disciple, *sciage*, science, sciatique; anis, tamis, buis, os, fracas, mors, corps, etc., et à la fin des mots qui au pluriel prennent s.	**S** comme z entre deux voyelles dans le même mot, ou à la fin, suivi d'une voyelle. — usure, masure, maison, blason, ils ont, vous avez.
		toujours dans les mots : aloès, Rubens, sens, maïs, etc. au naturel, précédé d'une consonne : capsule, insulte, etc.
T dans	Jésus-Christ, tort, fort, sort, vent, nuit, pot, rat, sot, etc. Et, en général, à la fin des mots, sing. ou plur., terminés par t.	**T** comme ci dans — initial, martial, nuptial, etc.; capétien, égyptien, patient, etc.; partiel, essentiel, confidentiel, etc.; action, station, ration, etc.; ambitieux, factieux, etc., facétie, argutie. sonne distinctement dans : tact, Christ, mat, dot, etc.
X dans doux, deux, voix, croix, noix, etc.		**X** comme — gz dans Xavier, Xantippe. z dans dix. cs dans Bruxelles, Auxonne. ss dans six.
Z dans nez, riz, biez, rez-de-chaussée.		**Z** dans Cortez, Fez, Rhodez, Suez, gaz.

Désormais on fera sonner les consonnes c, f, g, k, l, p, s, t, z, sur le mot suivant commençant par une voyelle ou h muet. (Cette pratique est indispensable à une bonne lecture.)

Exemp. : Un soc usé. — Un bref apostolique. — Un grog au rhum. — Un ton martial et fier. — C'est trop onéreux. — Un coq empaillé. — Voilà trois oiseaux. — Du riz au lait. — C'est un trompeur.

L'usage de la lecture apprendra successivement les autres règles de la prononciation.

Imp. et Lith. de Nouvian.

ORTHOLÉGIE

2ᵐᵉ TABLEAU (2ᵐᵉ Partie).

Expliquez le plus possible le sens des mots.

EXERCICES SUR LES SYLLABES DE TROIS LETTRES (VOYELLE ENTRE DEUX CONSONNES).

Faites épeler de souvenir les mots de ce tableau.

(*) *Faites d'abord décomposer en deux parties les syllabes d'application de chacune des 19 consonnes.*

Repassez avec le Dé nº 7 les syllabes directes et surtout les inverses.

B. Bac (pr. ba ac), ta *bac* . bal (pr. ba al), *bal* le, co *balt* . bel (pr. bé el), re *bel* le . bil (pr. bi il), *bil* le . ban (pr. ba an), *ban* de, *ban* que, *banc* . bon (pr. bo on), *bon* de, *bon* té . bar (pr. ba ar), *bar* be, *bar* que . bor (pr. bo or), *bor* du re, *bord* . bas (pr. ba as), *bas* cu le . bos (pr. bo os), *bos* su, *Bos* su et . bus (pr. bu us), *bus* te, *busc* . bat (pr. ba at), *bat* te rie . bot (pr. bo ot), *bot* te, *bot* ti ne . but (pr. bu ut), *but* te.

Repasser avec le Dé nº 8 les syllabes directes et les inverses.

P.(*) *Pac* te . *pec* ca vi . pic . *pyg* mée . *pal* me . *pel* le . *pil* la ge . *pol* ka . *pul* pe . *pom* pe . pan . *pen* du le . *pin* ta de . *pon* te, pont . *punch* . *par* ta ge . *per* le, *pers* pec ti ve . *por* te, porc, port . *pur* ga ti on . pas, *pas* sa ge . *pes* te . *pis* to le, *pis* te . *pos* te, *pos* té ri té . pus, *pus* tu le.

Repassez avec le Dé nº 9 les syllabes directes et les inverses.

D.(*) *Dif* fi ci le . *dog* me . *dal* le . ha ri *del* le . *dam* na ti on . in *dem* ni té . *dom* ma ge, *domp* ter . *dan* se, dans . dent . *din* de . don . *din* don . dard . é pi *der* me . na *dir* . en *dor* mir . en *dur* ci .

des ti née . *dis* pu te . dos . *dat* te . *det* te . dot . Dax . in *dex* . dix.

Repassez avec le Dé nº 10 les syllabes directes et les inverses.

L.(*) Lac . *lec* tu re . om bi *lic* . *loock* . Luc . ka *lif* . *lam* pe . *lim* be . *lom* be . *lan* ce . *len* te . *lin* ge . *lon* gi tu de . l'un . lynx . laps . ju *lep* . *lip* pée . ga *lop* . vo *lup* té . *lar* me . vo *ler* . a vi *lir* . l'or . l'ur ne . *las* si tu de . *les* si ve . *lis* te . l'os . *lat* te . vo *let* . lit . lot . *lut* te, luth . *laz* zi.

Repassez avec le Dé nº 11 les syllabes directes et les inverses.

V.(*) *Vac* ci ne . in *vec* ti ve . *vic* ti me . vif . *val* léc . *vil* le . vol . *vul* ga te . *vam* pi re . *van* ne . *Ven* dée, *ven* te . vin . sa *von* . *var* lo pe . *ver* du re . *vir* gu le . di *vor* ce . *vas* te . *ves* te . vis . vos.

Repassez avec le Dé nº 12 les syllabes directes et les inverses.

R.(*) *Rab* bin . O *reb* . *roob* . Ber ge *rac* . *rec* ti fi er . a ga *ric* . roc, Roch . *red* di ti on . *raf* fi na ge . ca po *ral* . pas se *rel* le . pé *ril* . *ram* pe . *rem* part . *rom* pu . *ran* çon . *ren* du . ha *reng* . *ron* del le . *rap* pel, rapt . *rep* ti le . si *rop* . *rup* tu re . *res* te . *ris* que . *ros* se . *rus* se . rat . ar *rét* . *ras* sis . bo *rax* . riz . *ryth* me.

EXERCICES.

Je fu me dans ma pi pe de bon ta bac. La vi pè re a des dents et pas de dard. Le porc-é pic a le dos hé ris sé de lan ces. Pa pa a ver sé le punch. La pes te a dé vas té dix vil la ges. L'as pic est un rep ti le. Lé o pold a é té vac ci né. Que dit-on par la vil le? Ro bert a é té vic ti me de sa bon té. La lec tu re m'a mu se. Il ne ver sa pas u ne lar me.

fla / fre	flo / fra	flu / fri	• / fro	flé / fry	fli / fru	glo / gro	glu / gri	glé / gru	gla / gre	gly / gra	gli / gry
plo / pro	ple / pri	pla / pre	ply / pra	pli / pry	plu / pru	gno / rhu	gnu / rho	gny / rhy	gna / rhi	gne / rha	gni / rhe

1° Syllabes simples.

Flé au, *fla* geo let, af *fli* gé, *fli* bus tier, *flá* ner, *glo* be, *glu*, *glè* be, *gla* ner, é *gli* se, *fru* gal, *gri* gno ter, *gru* me, ci go *gne*, *gra* de, *gla* ce, *grè* ve, *gre* na de, *fra* ter ni té, *frè* re, *fra* gi le, *fri* a ble, *fro* ma ge, *flû* te, *rhu* me, *rhi* no cé ros, *fra* cas, i *gno* ble, *gro* gne ment, ro *gnu* re, *rha* bil ler, *gla* çon, *rhé* to ri que, *rho* do den dron, peu *ple*, im *plo* rer, *dra* geon, *dra* gon, in di *gna* tion, *pla* ce, *plu* me, pli, *pro* pa ga tion, di *plô* me, *pré* sen ce, cou *ple*, *pru* den ce, *pry* ta née.

La flat te rie fait plus de mal qu'u ne flè che. Char les s'a mu se a vec son fla geo let. La ré col te du fro ment a é té peu co pieu se sur ces fri ches. Le fro ma ge de Brie est es ti mé. J'i gno re si cet ob jet est fra gi le. Le cri du geai est dé sa gré a ble, mais son plu ma ge est as sez va ri é. Le dia mant ne se tail le qu'a vec ses pro pres ro gnu res. La glu est fa ta le aux pe tits oi seaux. La pra ti que de la ver tu rend l'hom me heu reux i ci-bas. Quoi d'i gno ble com me l'i vro gne rie? el le pro vo que l'in di gna tion de tous.

2° Syllabes simples avec consonne finale intégrante.

Flot, flux, ri flard, râ fler, flam me, flam ber, flanc, flint-glass, flas que, flic-flac, fram boi se, fleg me, si gnal, fluc tu o si té, frap per, froc, cof frer, souf frir, franc, frin ga le, fron de, gouf fre, frus trer, frac, fruc ti dor, fret, frit, flot te ment, frag ment, plomb, ac com plir, plan te, plin the, plon geon, plas tron, plas ma, plis ser, plus, plat, re plet, prin temps, promp te, ner prun, près, pris, pros ter ner, Prus se, prêt, gland, ai glon, rè gles, glas, gram me, grim per, gref fe, grif fe, grom me ler, grap pe, grip pe, grec, re gret, a graf fe, mi gnot, chi gnon, co gnac, ro gnon.

3° Syllabes composées.

Flai rer, fleur, flui de, frau de, frai se, af freux, froid, fruit, frein, plau si ble, plaie, pleurs, pli oir, pluie, prai rie, proue, em prunt, gloi re, glai re, grais se, grai ne, grain, a gneau, ex ploit.

psy / squa	pso / squi	psi / sque	phthi / spha	pse / sphé	psa / phlo	pha / phro	pho / phré	• / phra	phy / •	phé / phry	phi / •
sta / stro	sty / stra	sto / stri	ste / stru	stu / stre	sti / •	sca / spé	scy / spi	sco / spa	scu / spu	sci / spo	scé / sple
tha	tho	thi	the	thu	thy	tro	tre	tri	tra	try	tru

1° Syllabes simples.

Psy co lo gie, rap *so* die, an ti *phlo* gis ti que, *phthi* sie, bla *sphè* me, *squa* le, *sque* let te, *sphè* re, *phé* bus, *pha* lan ge, *pho* que, *phy* si cien, *phé* no mè ne, *phra* se, *phré* no lo gie, *Phi* lip pe, pho *spho* re, cam *phre*, *sca* bieu se, *sca* ra béc, *sca* pu lai re, *scé* lé rat, *sco* lai re, *Scu* ta ri, *scy* the, *sto* re, *stu* dieux, *spa* tu le, *spi* ri tu el, *stro* phe, *thé*, *sté* no gra phe, *sta* ble, *thè* se, *tri* bu nal, *sple* en, *trô* ne.

Le mé de cin m'a pres crit du si rop an ti phlo gis ti que pour mon rhu me. La sca bieu se ex ha le u ne o deur de miel. Le pho spho re of fre d'é ton nants phé no mè nes. Cet te fem me por te un é nor me squir re. L'a sphal te est un bi tu me noir, em ploy é pour le pa va ge. L'é lè ve stu dieux cor ri ge son sty le. J'ai vu des sque let tes à l'am phi thé â tre. Phi lip pe é tu die la phré no lo gie. Le thé nous vient de la Chi ne. On n'est cou pa ble que quand on a git sciem ment. Eu phra sie est spi ri tu el le. Scu ta ri est u ne vil le d'A sie.

2° Syllabes simples avec consonne finale intégrante.

Step pe, styp ti que, stal le, con stel la tion, dis til ler, stan ce, mas tic, stock-fisch, stuc, stoff, sta gnant, stig ma te, stras, strict, struc tu re, Stet tin, ther mo mè tre, ther mes, thon, thym, a sphal te, scien ce, trin gle, truf fe, très, trop, phar ma cie, si phon, dau phin, sa phir, zé phy re, splen di de, scal pè le, scor but, scar la ti ne, sculp teur, scor pion, spas me, spec ta cle, trap pe, trot, thé â tral, trom pe, tric trac, truie, troc, tran che, tronc, a phthe.

3° Syllabes composées.

Psau tier, psau me, So phie, pseu do ny me, thau ma tur ge, scia ge, scieur, trai te, trei ze, char treu se, trio, troy en, trui te, trou, trois, trai treux, trou peau, traî neau.

3me TABLEAU.

Faire épeler de souvenir le texte entier.

VOYELLES COMPOSÉES ET DIPHTHONGUES.

LEURS COMBINAISONS AVEC LES 19 CONSONNES, ET PARTICULIÈREMENT AVEC c, l, m, n, r.

Le maître fera épeler à chaque cours l'entête de cette 1re partie.

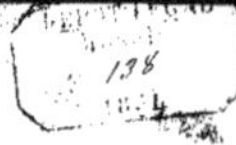

au aie ai	ei . eu eau . œu	ia . ie ieu ié . io	oy . oi oui . ou	uy . ui ue . uie	ya yu yo		aie . auc cai . cau	eic . euc cei . ceu	ioc iac cio	oue . oic cou . coi	uie cui	yac cya

Au gus te, tai re, aus tè re, Lau re, laie, jeu, j'ai, nei ge, peau, seau, cu veau, œuf, bœuf, nœud, pei ne, vei ne, peu, vœu, cau se, pie, lie, pié té, a mi tié, loyer, voi tu re, voie, oie, loi, Loui se, pou, sou, fou, noy a de, cam bouis, fa cé tie, buis, suie, es sai, vue, vie, tui le, nue, yo le, fai re, mor ceau, ours, Po ly euc te, cieux, ma nioc, Min cio, coi, coif fu re, cou, ga yac, bon teux, ceux, vieux, Dieu, mon ceau, tau reau, pieu, sou pe, cya nu re.

Au gus te mè ne u ne vie aus tè re. Lau re a fait cui re des œufs pour le dé jeû ner. Po ly euc te joue un beau jeu. Lia paie un pe tit loy er. La roue de la voi tu re m'a sa li de cam bouis. Loui se a vu un bœuf en fu rie.

J'ai me le bis cuit de ma nioc. Oc ta vie a vou é u ne dou ce a mi tié à Eu la lie. Cet te coif fu re ne me va pas du tout. J'ai vu au bois deux beaux oi seaux. Nous sau rons aus si tôt cal cu ler que li re.

SYLLABES AVEC CONSONNE INITIALE OU FINALE.

Bau det, cor beau, au bai ne, beur re, boy au, boî te, paix, hi bou, buis son, é pau le, pié ge, pied, poix, pou ce, puits, dau be, be deau, dia go na le, co mé die, Dio gè ne, doy en, doux, con dui te, ba lai, lai ne, ba lei ne, pou le, vo leu se, bou le, loy au té, lui, lou pe, lou ve, vous, vai ron, voy a ge, via duc, rui ne, pois son, poi son, pia no, lo ca tai re, bouil lon, fouil le, poin te, poin çon, es pi on, scie, ta lion, lion, di lu vien, vio lon, lieu, dou ai riè re, ba daud, ver vei ne, lai tue.

N . o R . g	Q . n H . p	R . p O . s	O . s S . n	P . r P . o	S . q Q . e		T . v H . u	X . z V . x	Z . x U . y	Y . t Y . z	U . y T . u	V . u Z . t

Na ge . ob scu ri té . of fen se . nau fra ge . né ces si té . na tu re . nain . nas se . nei ge ne veu . nez . nid . ni che . no ce . nom bre . no tai re . nour ri cier . nu mé ros . o pé ra . o rient sud . ou est . o reil le . est . o ran ge . ou bli . ob sta cle . o bé lis que . of fran de . om bra ge o cé an . or dre . ta pis . ver du re . pè re . pal mier . pan thé on . pa pa . Pâ ques . œufs . pa pier pa pe . par ta ge . pein tre . pen du le . pen sée . pé ni ten ce . pi gû re . pla ce . plan ta ti on pla te- ban de . plu me . poids . quai . que rel le . quit tan ce . qui pro quo . ra goût . rai son . ta ve va leur . trou peau.

Ce pé cheur a pris du pois son dans ses nas ses. Je me suis re po sé sur un ta pis de ver du re. Quand le so leil est cou ché, la na tu re est dans l'ob scu ri té. Oc ta ve m'a don né la moi tié de son o ran ge. Mon on cle m'a en voy é mes œufs de Pâ ques, ain si qu'à ses ne veux. Quel le heu re mar que vo tre pen du le? Pa pa m'a mon tré l'o bé lis que. Les trou peaux re chen chent les frais om bra ges vers mi di. Cet te guê pe m'a fait u ne pi gû re dou lou reu se.

Metz, Imp. et Lith. Nouvian.

F. (*) *Fac* ti ce, *fac* tu re . ré *fec* ti on , per *fec* ti on . *fec* ti on . *fal* si fi er . fil, fils, *fil* le . *fol* let . *ful* mi ner . *fem* me . par *fum* . *fan* tas sin . *fen* te . fin . *fon* te . dé *funt* . *fas* ci nes . *fes* tin . *fis* tu le, fisc . *fos* se, *fos* si le . *fus* ti ger . *fat* . ef *fet* . con *fit* . fût.

Repassez avec le Dé n° 20 les syllabes directes et les inverses.

G. (*) *Gal* le . dé *gel* . *Gil* le . *gol* fe . *gam* me . *gem* me . *gom* me . *gym* na se . *gan* se, gant . *gen* dar me, gens . *gon* do le, gond . Gap . *gop* ter . *gyp* se . *gar* de . *ger* me . mu *gir* . *gor* ge . *gas* con . *ges* te . Mon tar *gis* . Ar *gos* . ar *gus* . dé *gât* . ci - *gît* . lin *got* . *gut* tu ral . Gex . gaz . man *gez*.

Repassez avec le Dé n° 21 les syllabes directes.

J. (*) Job . *jac* tan ce . in *jec* ti on . *j'oc* cu pe . *j'af* fir me . *j'ef* fec tue . *j'of* fus que . *jam* be . *j'em* mè ne . *j'im* po se . *jan* te . *j'en* ga ge . *j'in* sis te .

jonc . *jap* per . *j'op* po se . *jar* din . *j'er* re . *j'ir* ri te . *j'or* don ne . *jas* min . *j'es* ti me . *jus* ti ce . *jat* te . jet . *jux* ta po ser.

Repassez avec le Dé n° 22 les syllabes directes et les inverses.

H. (*) *Hal* le, *hal* te . *Hol* lan de . *ham* pe . *hom* me . *hym* ne . *han* ne ton, *han* gar . *hen* nir . *hon* te, *hon* nê te . *hap* per . *hip* po po ta me . *hup* pe . *har* ce ler . *her* be . *hor* de, hors . *hur* ler . *his* ser . *hos* pi ce . *hus* sard . *hot* te . *hut* te.

Repassez avec le Dé n° 23 les syllabes directes.

K. (*) *Ker* mes se, *ker* mès . kirsch . *kys* te.

Repassez avec le Dé n° 24 les syllabes directes.

Q. (*) *Quel* con que . *ques* ti on . *Quim* per . quand, *quan* tiè me . *quin* te, ta *quin*, *quin* ze . qu'on . quel *qu'un* . re li *ques* . re li *quat* . ra *quet* te . *quit* tan ce . ar *quet* . jon *quil* le.

Repassez avec le Dé n° 25 les syllabes directes et les inverses.

X. (*) *Xan* tip pe . *Xer* cès . a *xon* ge . A le *xis*.

EXERCICES GÉNÉRAUX.

En tends - tu son ner le toc sin ? non . Dun ker que est un vas te port de mer . On ti re de la ter re le sel gem me qu'on fond . On a sor ti mes car pes des nas ses . J'en tends d'i ci re ten tir cet te bel le cas ca de . Il m'est ré dû vingt-cinq cen ti mes . Tu as lan cé ton vo lant a vec ta ra quet te . On ti re la gom me - gut te de la pé nin su le de Cam bo ge . Tu vi si te ras en gon do le le golfe de Ve ni se . Com me ce han ne ton vol ti ge sus pen du à un fil ! Cet en fant se di ver tit et s'ex er ce sur le gym na se . Tu fe ras du kirsch a vec ces ce ri ses.

Imp. et Lith. de Nouvian.

Le maître fera épeler l'entête de cette 2me partie à chaque cours, ainsi que la précédente.

aul . ail	eul . eil	iel . ial	oul . oil	uil . uel	•	air . aur	reu	ier . iar	our . oir	uir . uer	•
lau . lai	leu . lei	lie . lia	lou . loi	lui . lue		rai . rau	eur	rie . ria	rou . roi	rui . rue	

Paul, bail, pail le, lai ta ge, lau rier, leur, seul, lin ceul, l'eau, l'air, le feu, jo vial, soul, pouls, poil, loup, an guil le, ai guil le, quil le, pa reil, cor beil le, Sa muel, lui re, es ca lier, fier, a cier, hier, pier re, lier re, liard, ca viar, vier ge, ré veil, ail, saur, rau que, rai fort, heu reux, bon heur, peur, ar que bu sier, Al gé rie, noir, cour, cour roie, cour roux, roy au me, rai nu re, ruis seau, four, tour, pour, a mour.

Paul ar ro se ses lau riers a vec de la lie de vin . Sa muel a don né l'onc tion roy a le à Sa ül . J'ai man gé du ha reng saur . J'ai vu un ver lui sant sous le feuil la ge . Faus tin a per du son ar gent au jeu de quil les . La foui ne est la ter reur des bas ses - cours . Louis a a me né pour moi u ne voi tu re de pail le d'a voi ne . On man ge beau coup de ca viar en Rus sie . Il y a dans ce ruis seau des my ria des de vai rons . La vier ge Ma rie est la rei ne des cieux.

SYLLABES AVEC CONSONNE INITIALE OU FINALE (suite).

Mau di re, maux, mai son, mois son, meil leur, de meu re, ra meau, sœur, mœurs, mouil la ge, mias me, moi ne, mo mie, mieux, moy en, mou tar de, myo so tis, an neau, o ri gi nai re, neu ve, cé ré mo nie, A nio, noy au, sau mon, saus saie, cœur, sai son, sang sue, Sei ne, sei ze, lion ceau, es sieu, A jac cio, cein tu re, tau pe, vi cai re, far ceur, mi li tai re, man teau, é tia ge, tia re, é tui, é toi le, é tio ler, or tie, ma tou, toux, a tour, nau sée, É sa ü, Cau ca se, cais se, or gueil, cer feuil, deuil, seuil, sia moi se, mon sieur, coup, beau coup, am mo niac, miau le ment, mou le, hu main, de main, rouil le, nouil le, dé pouil le, som meil, té moin, soin, sor cier, cail le, bourg.

4ᵐᵉ TABLEAU. **SYLLABES PRÉCÉDÉES DE 2 CONSONNES.** *Faire épeler de souvenir le texte entier.*

Le maître fera épeler à chaque cours l'entête de cette 1ʳᵉ partie.

blo	bli	blu	bla	bly	blé		clu	cla	clo	clé	cli	cly
bre	bro	bra	bry	bru	bri		cri	cro	cré	cra	cru	cry
cho	chi	ché	cha	chu	chy		dra	dru	dre	dri	dry	dro
•	chré	chri	chro	•	chry		vry	vre	vri	vra	vro	vru

1° Syllabes simples.

Blo cus, *blu* ter, su *bli* me, *blu* et, *blé*, *bré* che, *cho* co lat, *bro* de rie, *bri* se, *bru* me, *bri* que, *bra* ve, *chi* co rée, *chu* te, *chro* ni que, *cla* que, *clo* che, *chré* me, dé *cli* ner, *chro* me, la *cri* mal, *chè* ne, *chy* le, ou *vra* ge, ac *cla* ma tion, *chry* so ca le, *dro* ma dai re, dru, *drya* de, *clé* men ce, cri, *cru* di té, *cra* be, *cré* tin, en *clu* me, *chè* vre, *che* vro tin, *cha* ri té, va *che*, o ra *cle*, *dra* me, or *dre*.

Les blu ets que l'on cueil le dans les blés sont d'un bleu su bli me, sem bla ble à l'a zur. Cet te che nil le, jau ne de chro me, est en chry sa-li de, el le de vien dra un bril lant pa pil lon. Ce châ teau a é té a che té par un chi mis te. U ne chu te d'eau est u ne jo lie cho se dans un jar din pay sa ger. Ce pau vre fou re cou vra sa rai son. On a per ce vra bien tôt les vril les de la vi gne.

2° Syllabes simples avec consonne finale intégrante.

Bles su re, a no blir, blanchir, Du blin, blet te, blond, cé ré bral, bril ler, bran che, brin, bron cher, brun, A bruz ze, bras, bros se, bref, broc, brick, brut, chep tel, Chil pé ric, é chel le, char don, clef, cric, croc, Christ, char te, cher cher, cham bre, chan ter, champ, chin chil la, chez, chat, chas se, é chec, choc, chut, chef, chif fre, chif fon, chris tia nis me, clar té, clep sy dre, clerc, clan des tin, dé clin, clas se, é clat, cryp te, sé pul cral, cran, crin, cras se, cros se, crot te, drap, man drin, couvrir, che vron, a né vris me, in crus ta tion, per drix, vrille, or ches tre.

3° Syllabes composées.

Brai se, Blai se, bleu, ta bleau, Blois, blou se, bi blio thè que, brous sail les, bruit, té né breux, broy er, brouil lon, é chau der, chau ve, chai re, chai se, fâ cheux, choix, chou, mou choir, é clai rer, Clio, cloi son, chœur, croix, crou pe, per dreau, droit, i vraie, che vreuil, cray on, pou dreux.

A. C	B. K	D. F	M. G	J. E. I	H. L		N. P	R. T	S. O	Q. U	Z. Y	X. V
a. c	c. b	f. d	g. m	h. i. j	l. k		p. o	n. q	u. s	i. v	r. x	z. y

A B C D E F G H I J K L M N O P Q R S T U V X Y Z

a b c d e f g h i j k l m n o p q r s t u v x y z

Paris, 1ᵉʳ Juin.

Mon bon petit Gustave et ma chère petite Elisa,

Nous avons appris, avec un véritable bonheur, votre tendre mère et moi, que vous vous donnez de la peine pour apprendre à lire. C'est bien, mes enfants; nous nous sentons dédommagés de vous voir répondre aux bons soins que vous recevez, ainsi qu'aux sacrifices que nous nous imposons. Nous ne sommes pas riches, nous n'aurons peut-être rien à vous laisser, quand il plaira à Dieu de nous rappeler à lui; mais le peu que nous possédons, nous le dépensons avec joie pour vous faire instruire. L'instruction est véritablement un héritage anticipé que rien ne pourra vous ravir.

J'apprends avec plaisir que l'on vous exerce à lire l'écriture, je pourrai vous donner souvent de nos nouvelles. Votre bonne mère, qui vous aime tant, souffre bien de vous sentir si loin d'elle. Apprenez aussi à écrire, afin qu'à votre tour vous nous adressiez de temps à autre quelques bonnes petites lettres, que nous montrerons aux personnes qui vous connaissent et vous chérissent.

En attendant, continuez toujours d'être bien soumis et respectueux envers vos maîtres, et pensez souvent à nous. Le bon Dieu vous aidera et vous récompensera certainement, surtout si vous lui adressez avec attention vos petites prières, auxquelles nous joignons les nôtres pour votre bonheur.

Adieu, mes bons enfants, je vous embrasse tous les deux du meilleur de mon cœur.

Votre père dévoué,

Ch. Martin.

Imp. et Lith. de Nouvian.

fo / af	fi / of	fa / uf	fu / ef	fe / if	•
gu / og	ge {a o u} / •	gi / ug	ga / •	gy / ag	go / yg
ju	ja	jo	je	jy	ji

ha / ah	ho / oh	hy / •	he / eh	hi / •	hu / •
qu'u / ko	que / ki	qua / ky	qui / ké	quo / ka	quy / ku
xa / ox	xi / ex	xe / ux	xu / ax	xy / ix	xe / yx

Re né te fe ra u ne hu mi li a ti on. Oc ta ve a é té à la fê te. Ca ro li ne a do re sa so li tu de. L'a ra be at ta que le li on et la fé ro ce hy è ne. La fa mi ne ra va gea la po pu la ti on. On mè ne à la pa ro le la gi ra fe do ci le. Il a vu la geô li è re. Fé li ci té a à la tê te u ne lé gè re ex co ri a ti on. L'é té se ra hu mi de. Le ka by le a le vi sa ge ba sa né. L'hy gi è ne a é té u ti le à l'hu ma ni té. La mu si que a mu se ma mè re. El le m'a cé dé un pi a no so no re. La geô le se ra hu mi de. É li sa li ra vi te ce ci.

EXERCICE GÉNÉRAL.

Un er mi te ha bi te ce bo ca ge i so lé. Le pè re de Lé on a fi ni u ne o pé ra ti on u ti le. Si mé on se la ve la fi gu re et la tê te. A mé dée vi si te ra le Vé su ve et se re po se ra. L'é lè ve qui dé so bé i ra se ra la dé ri si on de l'é co le. Cé ci le a re çu un va se do ré à sa fê te, el le l'a mé ri té.

Ro se ré cu re ra ce va se sa le. I rè ne di ri gea la fi la tu re de sa mè re. Ho no ri ne a ré ci té sa pe ti te pa ra bo le à l'é co le. On a re çu u ne li on ne du Sa ha ra, el le dé vo re sa ca ge. Ai mé a mé ri té u ne pu ni ti on. Do mi ni que dé lo gea à la hâ te, sa ma su re me na ce. Lé o ni de a é té in do ci le. Sa mè re l'a mi se à u ne é co le sé vè re. M. Jé rô me dé si re qu'à sa fê te on or ga ni se u ne pe ti te il lu mi na ti on. Ma da me Re my es pè re que sa ni è ce se dé ci de ra. Pa pa a do re le mo ka.

(Faites relire sans repos les mots de ces trois parties après avoir fait épeler chacune d'elles.)

EXERCICES SUR QUELQUES SYLLABES DIFFICILES OU VARIABLES.

ca, co, cu, ce, ci, cy ça, ço, çu, co, ca, cu ka, ke, ki, ko, ku, ky	*Prononciation muette.* ha, he, hi, ho, hu, hy *Prononciation aspirée.* ha, hi, hu, ho, hy, he	ga, go, gu, ge, gi, gy je, ji, jy gea, geo, geu, geo, gea ja, jo, jeu, jo, ja	na, ne, ni, no, nu, ny an, en, in, on, un, yn un, on, an, yn, en, in
Mouillez les l. illi, illa, ille, illo, illy *Ne mouillez pas.* ulle, elle, alle, olle, illu	m'e, t'e, c'e, l'e d'e, s'e, n'e, j'e m'a, t'a, ç'a, l'a	m'he, l'ho, s'hu j'hé, t'ha, s'ho n'hi, s'he, m'ho	ma, me, mi, mo, mu, my am, em, im, om, um, ym em, am, om, um, ym, im

Imp. et Lith. de Nouvian.

5ᵐᵉ TABLEAU. RÈGLES PARTICULIÈRES SUR LA PRONONCIATION DES LETTRES.

NE SE PRONONCENT PAS.	SE PRONONCENT.
A dans *août*, *Saône*, *aoriste*, *taon*. pron. oùt, Sône, oriste, ton.	**A** au naturel, partout ailleurs.
B dans Plom*b*, a*bb*é, ra*bb*in, sa*bb*at, Dou*b*s, etc.	**B** au naturel, partout ailleurs.
C dans Estoma*c*, bro*c*, cri*c*, taba*c*, cro*c*, respe*c*t, por*c*, aspe*c*t, etc. **ch** dans Almana*ch*.	**C** au naturel, partout ailleurs, mais particulièrement dans sus**p**ect, respect humain, Mar**c**, bou**c**, éche**c**, ro**c**, cho**c**, etc. **ch** comme *k* dans or**ch**estre, **Ch**io, **Ch**ersonèse.
D dans poi*d*s, froi*d*, bor*d*, dar*d*, lar*d*, tar*d*, far*d*, lor*d*, nor*d*, bon*d*, fon*d*, ron*d*, ni*d*, etc.	**D** comme *t* à la fin des mots quand le mot suivant commence par une voyelle.. {gran*d* homme, lisez gran *t*homme. fon*d* en comble, lisez fon *t*en comble.}
E dans Caen, proie, voie, foie, joie, boue, joue, suie, pluie, truie, vue, etc.	**E** {comme *è* dans es, est, ces, des, les, mes, tes, ses. comme *é* dans et, cet, c'est. comme *a* dans hennir, solennel, femme, indemnité. comme *an* dans enorgueillir, enivrer, patient. comme *in* dans examen, hymen, Benjamin, pensum.}
F dans cle*f*, o*ff*ice, a*ff*aire, o*ff*re, œu*f*s, bœu*f*s, etc.	**F** terminant les mots et dans ser*f*s, *même au pluriel*.
G dans Le*g*s, doi*g*t, si*g*net, haren*g*, ran*g*, vin*g*t, étan*g*, faubour*g*, etc.	**G** comme {*gue na* dans sta*g*nation, inexpu*g*nable. *gue né* dans i*g*ué, Pro*g*né. *gue ni* dans ré*g*nicole, *Gni* de. *gue no* dans dia*g*nostic. *gue nu* dans a*g*nus.} comme *j* suivi de *e* : Pi*g*eon, *g*eôlier, tu man*g*eas. au naturel, partout ailleurs : do*g*me, etc.
H dans **R***h*in, thym, thon, **R**o*ch*, *rh*um, é*ch*o, *ch*ronique, ar*ch*ange, *ch*œur, *h*omme (et partout ailleurs où il n'est pas aspiré).	**H** quand il est aspiré: *h*onte, *h*aras, *h*ardi, *h*ameau, *h*âte, *h*anneton, *h*aricot.
I dans o*i*gnon, po*i*reau, mo*i*gnon, po*i*gnet, etc.	**I** au naturel, partout ailleurs.
L dans bari*l*, outi*l*, persi*l*, pou*l*s, genti*l*, gri*l*, etc.	**L** au naturel, partout ailleurs.
M dans auto*m*ne, da*m*nation, ho*mm*e, fe*mm*e, etc.	**M** comme *n* suivi de *p* ou *b* : to**m**be, co**m**pas, co**m**bat.
O dans pa*o*n, fa*o*n, La*o*n. — Pron. pan, fan, Lan.	**O** au naturel, partout ailleurs.
P dans Dra*p*, se*p*t, lou*p*, tro*p*, cor*p*s, galo*p*, etc.	**P** au naturel, partout ailleurs.
Q dans {co*q* d'Inde / cin*q* ......} suivis d'un mot commençant par une consonne ou *h* aspiré.	**Q** comme *kou* dans {quadrige, quadrature, aquatique, équateur, quadruple, quadrupède.} comme {*ka* dans équarrissage. *ké* dans équerre. *ki* dans équilibre, équité, acquit. *ko* dans liquoriste. *ku* dans équestre, équilatéral (et partout ailleurs où se trouve *qu*).}
R dans les mots {en *er*: tacher, chanter, berger, rucher, etc. (suivi d'une consonne). / en *ier*: Acier, huissier, poirier, caissier, menuisier, etc.} l'e alors devient fermé.	**R** au naturel, partout ailleurs.

Imp. et Lith. de Nouvian.

Quand vous al lez à l'é co le, ne vous a mu sez pas à jou er dans les rues, com me de pe tits po lis sons. En en trant dans la sal le, ve nez sa lu er vo tre bon maî tre, à qui vos pa rents vous ont con fi és; ay ez pour lui la mê me sou mis si on. Quand vous sor tez de l'é co le, ren trez di rec te ment chez vous, pour ne pas cau ser d'in qui é tu des à vo tre fa mil le.

S'il vous ar ri vait de per dre quel qu'ob jet dont vous vous ser vez à l'é co le, un de vos li vres, un ca hier ou u ne plu me, vous se riez bien ai se que ce lui qui l'au rait trou vé vous le ren dît. De mê me fai tes - vous un vrai plai sir de ren dre tout de sui te ce que vous trou ve riez à ce lui à qui ce la ap par tient, ou au maî tre, si vous l'i gno rez. Car si vous vous ser viez de ce qui vous se rait tom bé sous la main, vous pour riez ê tre trai té de pe tit vo leur.

En vous met tant à ta ble, ré ci tez vo tre bé né di ci té et man gez avec mo dé ra ti on, se lon vo tre be soin et ja mais au-de là, mê me des mets que vous ai mez le plus. Abs te nez - vous de man ger, en tre les re pas, tou tes sor tes de fri an di ses; on vous ap pel le rait pe tit gour mand.

Quand vous ac com pa gnez vos pa rents ou vo tre maî tre à l'é gli se, te nez - vous dans u ne at ti tu de de cal me et res pec tu eu se, ne tour nez pas la tê te de tous les cô tés et ré ci tez la pri è re que l'on vous a ap pri se. Le bon Dieu, qui vous voit sans ces se et vous en tend, vous ac cor de ra ce que vous lui de man de rez, car il ai me tout par ti cu li è re ment les pe tits en fants. Jé sus - Christ, quand il é tait sur la ter re, s'ap pro chait tou jours des pe tits en fants res pec tu eux; il se plai sait en leur com pa gnie, et ne les quit tait ja mais sans leur don ner sa bé né dic tion.

Aus si tôt que vous sau rez bien lire dans les li vres et dans l'é cri tu re, vous ne se rez plus de pe tits en fants, vous se rez de ve nus de pe tits hom mes, la lec tu re vous ins trui ra et vous a mu se ra beau coup. Si vous n'ap pre niez pas à li re, vous se riez un jour bien à plain dre, vous au riez tou jours be soin des au tres, soit pour vous fai re li re u ne let tre, ou un bil let, ou ce qui se pu blie. Vous res sem ble riez à un i diot ou à un sourd - mu et au mi lieu de la so ci é té, et vous ne pour riez pas rem plir le moin dre em ploi, car il n'y en a point où il ne fail le au moins sa voir li re, é cri re et cal cu ler. Les con nais san ces les plus ur gen tes ne s'ac qui è rent gé né ra le ment que par la lec tu re.

Quant à l'é cri tu re, vous se riez aus si trop sou vent, si vous ne sa viez pas é cri re, sous la dé pen dan ce de cha cun, lors que vous au riez à fai re é cri re u ne let tre ou à fai re le moin dre com mer ce. Pro fi tez donc, mê me dès main te nant, des ex cel len tes le çons d'é- cri tu re que vous a vez le bon heur de re ce voir. Un jour ces le çons vous se ront chè res; vous ne re gret te rez ja mais vos pe ti tes pei nes.

Aimez et res pec tez tous ces maî tres si bons,
Qui veu lent bien sans ces se, ins trui re vo tre en fan ce.
Que de pei nes, de soins ! Ah ! pour leur ré com pen se,
Met tez bien à pro fit leurs u ti les le çons.

Il ne faut, mes en fants, ni trom per, ni men tir ;
L'hon nê te hom me tou jours dit la vé ri té pu re;
Soit pour vous ex cu ser ou pour vous di ver tir,
Ne vous per met tez pas la plus fai ble im pos tu re.

ACCENTS ET LETTRES ACCENTUÉES.

´		`				^			Ç			¨		
É	é	È	è	à	ù	Ê	ê	â î ô û	Ça Ço Çu			ë	ï	ü
									ça ço çu					
é	È	à	A	î	i	Ê	à	È	Ço	ça	Çu	ë	ï	ü ô
è	ù	î	é	ô	O	ô	â	Ço	co	ca	cu	î	Ê	ô O
ü	É	È	â	ù	î	ë	I	ù	E	i	è	ê	ç	u co
ço	è	U	ë	é	U	ço.	ô	à	ô	ü	û	I	ï	ü à

PONCTUATION.

.	:	,	;	' —	? !
- ? , ! : ; ' ! , . - ? ; ! , :					
, ? . : - , ? : ' , ; ? , , ;					

EXERCICE GÉNÉRAL. *(Prononcez tous les signes.)*

A, h! è U ô ë, Q. p, ça c' o. B! b. d; p q.
l: I, P. R? p, q. l: o c O Y c D? b, r. s
o. ù, U- m. n. r. A. S' è- é o ï ü, q. p' r
C â E e G. f, F, h M à Q é L ù y Z

ORTHOLÉGIE

EXERCICES DE LECTURE COURANTE.

(Ces Exercices seront d'abord épelés, syllabés, puis seulement lus couramment.)   *(Faire épeler de souvenir le texte entier.)*

PETITS CONSEILS AUX PETITS ENFANTS.

Chers pe tits é co liers, ap pli quez-vous à ces ex er ci ces faits tout ex près pour vous, et bien tôt vous li rez com me des hom mes.

Il faut, mes pe tits a mis, lors que vous vous le vez, of frir vo tre cœur à Dieu, al ler em bras ser vo tre pè re et vo tre mè re, vous lais ser do ci le ment ha bil ler, pei gner et la ver. Ap pre nez bien vos pe ti tes pri è res, et ré ci tez-les tou jours a vec joie, pour re mer ci er le bon Dieu de ce qu'il vous don ne cha que jour. C'est lui qui a cré é le ciel et la ter re et tout ce que vous pou vez a per ce voir.

Vous de vez, mes bons a mis, a voir le plus grand res pect pour le pa pa et la ma man de vo tre pè re et de vo tre mè re; ils ont eu pour eux les mê mes bon tés, les mê mes soins que vos pa rents ont pour vous. Ces bons vieil lards vous ai ment aus si beau coup. Com plai sez-vous à cou rir au-de vant de tout ce qui peut fai re plai sir à vo tre grand-pa pa ou à vo tre grand-ma man, et ne leur cau sez pas de cha grin; vous se rez dou ble ment bé nis pour le res te de vo tre vie. Le bon Dieu ré com pen se les en fants de l'a mour et du res pect qu'ils ont pour leurs pa rents par tou tes sor tes de biens.

Vous ne pou vez rien fai re de plus a gré a ble à vos bons pa rents que de leur o bé ir aus si tôt qu'ils vous or don nent quel que cho se; ils rem pla cent le bon Dieu au près de vous, car ils vous don nent de sa part tout ce qu'il vous faut pour vi vre.

Repassez avec le Dé n° 13 les syllabes directes et les inverses.

M.(*) *Mic*-mac . mal . mer . *mil*let . a *mol*lir, *mol*let . tu *mul*te . *mam*mi*fè*re . *man*te, ma*man* . *men*di ci té . mon, *mon*de . *mar*ge, Marc . *mer*ci . *mor*ta li té, mort . mur . *myr*te, *myr*rhe . *mas*ca ra de, *mas*cu lin . mes, *mes*sa ge . *mis*si on, a*mis* . *mos*quée . musc . mot . *mys*tè re . mât . mets . mar*mot* . *mix*te.

Repassez avec le Dé n° 14 les syllabes directes et les inverses.

N.(*) Al ma *nach* . hid . nef . ca *nif* . ca *nal* . o ri gi *nel* . va *nil*le . nul . nom . *Nan*tes . nen ni . ta *nin* . *non* . *nap*pe . i *nep*te . *nip*pe . *nup*ti al . *nar*co ti que . dî *ner*, nerf . ve *nir*, bé *nir* . *nor*mal, nord . *nas*se . â *nes*se . pa ga *nis*me . nos . Ja *nus* . *nat*te . net, cor *net*te . a co *nit* . go de *not* . ca *nut*.

Repassez avec le Dé n° 15 les syllabes directes.

Z.(*) A *zof* . zig-zag . zinc . czar . A *zor* . a *zur* . *zes*te . *zis*te et *zes*te . zest!

Repassez avec le Dé n° 16 les syllabes directes et les inverses.

S.(*) *Sab*bat . *sub*ven ti on . sac . sec . *sic*ci té . soc . suc . sud . pen *sif* . vas *sal* . sel . *sil*lon . *sol*dat . *sul*fa te . *syl*la be . *Sam*son . sem pi ter nel . *som*nam bu lis me, con *somp*ti on . *sym*bo le, *symp*tô me . *san*da le, sang, *sanc*ti on . *sen*ti nel le . *sin*ge . *son*ge . *syn*dic . sept . *sup*port . *sar*di ne . *ser*vi ce, serf . vi sir . *sor*bet . *sur*fa ce . as *sas*sin . ses . as *sis* . *sus*pen te . *sys*tè me . ro *sat* . ver *set* . sot . bis *sex*ti le . six.

Repassez avec le Dé n° 17 les syllabes directes et les inverses.

C.(*) *Cal*ci ner, *cal*cul . *cel*lu le . cil . *col*le . camp . *com*bat, *comp*te . *cul*bu te . *cym*ba le . *can*di, *can*ti que . cens, *cen*ti me . vac *cin*, cinq, suc *cinct* . *con*ca ve, ar *çon*, ha me *çon*, ca le *çon*, ma *çon* . *cap*tu re . cep, *scep*ti que . *car*bo ne, *car*pe . *cer*ti tu de, cerf . *cir*que . *cor*ne . obscur . *cas*que, *cas*ca de . ces, c'est . ex or *cis*me . *cos*tu me . *cus*cu te . cet, *cet*te . *cot*te.

Repassez avec le Dé n° 18 les syllabes directes et les inverses.

T.(*) *Tac*ti que, tact . tic . *toc*sin . *taf*fe tas . po si *tif* . é *tof*fe . tuf . *tal*mud . tel, *tel*le . *til*bu ry, *til*lac . *tul*le . *tam*pon . *tem*pe, temps . *tim*ba le . es *tom*pe . fac *tum* . *tym*pan . *tan*te . *ten*te . *tin*ter . ton . im por *tun* . *tar*dif . *ter*ne . tir . tort . *tur*bi ne, turc . *tas*se . *tes*ta ment . *tis*su . *tos*can . ob *tus* . pe *tit* . tôt . *tex*te.

EXERCICES.

Mon al ma nach an non ce du bon temps. Ma tan te m'a don né un jo li pa pil lon. Tu m'as ven du du pe tit vin ro sat. La men di ci té est in ter di te en cet te com mu ne. Roch a vé cu vingt ans dans les camps. Vos suc cès ne m'ont pas é ton né. Ce mar mot m'a dit des in vec ti ves.

LES 10 COMMANDEMENTS DE DIEU.

1° Un seul Dieu tu a do re ras,
  Et ai me ras par fai te ment.
2° Dieu en vain tu ne ju re ras,
  Ni au tre cho se pa reil le ment.
3° Les di man ches tu gar de ras,
  En ser vant Dieu dé vo te ment.
4° Tes père et mère ho no re ras,
  Afin de vi vre lon gue ment.
5° Ho mi ci de point ne se ras,
  De fait ni vo lon tai re ment.

1° Un seul Dieu tu adoreras,
  Et aimeras parfaitement.
2° Dieu en vain tu ne jureras,
  Ni autre chose pareillement.
3° Les dimanches tu garderas,
  En servant Dieu dévotement.
4° Tes père et mère honoreras,
  Afin de vivre longuement.
5° Homicide point ne seras,
  De fait ni volontairement.

6° Lu xu rieux point ne se ras,
  De corps ni de con sen te ment.
7° Le bien d'au trui tu ne pren dras,
  Ni re tien dras à ton es cient.
8° Faux té moi gna ge ne di ras,
  Ni men ti ras au cu ne ment.
9° L'œu vre de chair ne dé si re ras,
  Qu'en ma ri a ge seu le ment.
10° Biens d'au trui ne con voi te ras,
  Pour les a voir in jus te ment.

6° Luxurieux point ne seras,
  De corps ni de consentement.
7° Le bien d'autrui tu ne prendras,
  Ni retiendras à ton escient.
8° Faux témoignage ne diras,
  Ni mentiras aucunement.
9° L'œuvre de chair ne désireras,
  Qu'en mariage seulement.
10° Biens d'autrui ne convoiteras,
  Pour les avoir injustement.

LES 6 COMMANDEMENTS DE L'ÉGLISE.

1° Les fê tes tu sanc ti fic ras,
  Qui te sont de com man de ment.
2° Les di man ches mes se en ten dras,
  Et les fêtes pa reil le ment.
3° Tous tes pé chés con fes se ras,
  A tout le moins u ne fois l'an.

1° Les fêtes tu sanctifieras,
  Qui te sont de commandement.
2° Les dimanches messe entendras,
  Et les fêtes pareillement.
3° Tous tes péchés confesseras,
  A tout le moins une fois l'an.

4° Ton Cré a teur tu re ce vras,
  Au moins à Pâ ques hum ble ment.
5° Qua tre-temps, vi gi les, jeû ne ras,
  Et le ca rê me en tiè re ment.
6° Ven dre di chair ne man ge ras,
  Ni le sa me di mé me ment.

4° Ton Créateur tu recevras,
  Au moins à Pâques humblement.
5° Quatre-temps, vigiles, jeûneras,
  Et le carême entièrement.
6° Vendredi chair ne mangeras,
  Ni le samedi mêmement.

PRIÈRE DE L'ENFANCE POUR L'IMPÉRATRICE.

Seigneur, accordez à notre bonne Protectrice de longs jours de paix, afin qu'elle puisse travailler au bonheur de la France et accomplir les nobles desseins que vous avez placés dans son cœur. Élevons vers elle, du sein de cet asile, nos petites mains reconnaissantes!

A. SIMON.

7ᵐᵉ TABLEAU.

Faire épeler de souvenir le texte entier.

Exercices sur les caractères manuscrits et typographiques.

A . b	B . a	D . c	C . d	F . e	E . f	L . m	G . l	Ij . Ji	M . g	K . h	H . k
B. a	*E. d*	*C. b*	*F. e*	*D. f*	*A. c*	*m. H*	*Ti. Tj*	*h. G*	*h. L*	*l. H*	*g. M*

a *ca* ci a . a ca *dé* mie . a *ti* me . câ *ble* . *ac* co *la* de . a *ci* de . a *da* ge . *li* che . *char* ge
bi *ble* . *bel* le - *fil* le . *af* fi *che* . ai *gle* . a *lam* bic . *al* ca *li* . ail . *ai* le . al *lée* . *a i eul* . *ta ba* gie . fil
ba *bil* . cé *dil* le . *faim* . af *fli* gé . *bail* lia ge . ci *ga* le . é *mail* . *cha* cal . sour *cil* . ta *pa* ge . dah-
li a . *ci re* . *ci li ce* . dal le . *daim* . *clef* . dé bal la ge . *dé ci mal* . a mal ga me . *il lus tra tion* . *a li da de*
dé bâ cle . *ca ba le* . baie . *bal* . *bê che* do mi *na tion* . ap par *te ment* . *i co* lier.

J'ai *vu* *u ne* bel le *al lée* d'a ca ci as. *J'ap prends* la fa ble de *la Ci ga le* et la *Four mi.* *L'ai gle* a les *ai les* gran des et le bec *cro chu.* Le *ca li ce* de cet te bel le *fleur* est *o do-ri fé rant.* A près le *dé gel* ar ri ve la *dé bâ cle* des *gla ces.* Com bien *je* suis *af fli gé* de vo tre *dé part!* *L'al chi mie,* a vec *tous* ses *a mal ga mes,* ses *a lam bics,* ses *al li a ges,* n'a *été* qu'u ne lon gue *chi mè re.* Je *lis* dans la *Bi ble.* *L'a ca dé mie* est u ne *ré u ni on* de *per son nes sa van tes* qui *di ri gent* les *é co les.*

Le maître fera épeler à chaque cours l'entête de cette 3ᵐᵉ partie, ainsi que les précédentes.

ain	ein	ien . ion	oin	uan . uin	•	aim	eim	iam . iem	oim	uim . uem	yom
nau . nai	neu . nei	nie . nio	nou . noi	nua . nui		mau . mai	meu . mei	mia . mie	mou . moi	mui . mue	myo

Bain, ar go nau te, nais san ce, neu vai ne, har mo nie, nua ge, rein, dé dain, neuve, pan ta go-nien, sien, mien, pa tien ter, La po nie, con di tion, sé di tion, na tion, loin, soin, point, foin, vous, nous, noi set te, noy er, se quin, nui re, meu te, meil leur, re quiem, Vil liam, miel, moi-sis su re, mous se, mous quet, faim, daim, moi, muid, mue, myo pe, mois, mou ton, lien, bien, juin, Siam.

Lu cie fait un bain, el le a mal aux reins. J'ai mis ma bel le ves te neu ve, mets aus si la tien ne. Il est beau coup tom bé de nei ge hier soir. J'i rai cueil lir des noi set tes au bois. Vil liam goû te ra de mon meil leur miel en cou teau. Les mous ses de ce vais seau sont cou ra geux. Ce jeu ne en fant a la vue myo pe. Ce bel oi seau est en mue, il se tait. Le feu a con su mé cet te meu le de mau vais foin. La faim fait sor tir le loup hors du bois.

SYLLABES AVEC CONSONNE INITIALE OU FINALE (fin).

Fau te, fai san, fai né ant, feu, ra ta fia, fio le, foy er, fui te, gau de, gaî té, ta ba gie, Guy ot, jau ne, jeu, juif, juil let, hau teur, hai ne, heu re, hia tus, houx, hue! in quié tu de, queue, quoi, car quois, faux, jais, bou gie, a gio, guê pe, sar ri gue, quin te, quin quet, quin cail lier, quin tal, quê te, ques tion, quin qui na, pa lan quin, fein te, sau va geon, bour geon, por tu gais, re quin.

EXERCICES GÉNÉRAUX.

Les rois fai né ants se fai saient, à Paris, con dui re par des bœufs. On voit en co re au jour d'hui, en É gyp te, des mo mies con ser vées de puis des mil liers d'an nées, en ve lop pées d'a ro ma tes. Le miel des a beil les est aus si doux que ce lui des guê pes est mau vais. La vil le d'A jac cio se ra à ja mais im mor tel le; son nom pas se ra à la pos té ri té, li é à ce lui des Na po lé on.

8.me TABLEAU.

Faire épeler de souvenir le texte entier.

EXERCICES DE LECTURE MÊLÉE.

INVOCATION A LA SAINTE-VIERGE.

(Lisez avec repos chaque syllabe.) — *(Lisez chaque mot sans repos).*

Sou ve nez-vous, ô très-dou ce vier ge Ma rie, que ja mais on n'a ou ï di re que per son ne ait im plo ré vo tre pro tec ti on sans que vous l'ay ez se cou ru. A ni mé d'u ne pa reil le con fi an ce, je cours vers vous, ô vier ge des vier ges, et no tre mè re, je me ré fu gie à vos pieds, et, tout pé cheur que je sois, j'o se pa raî tre de vant vous en gé mis sant.

Ne mé pri sez pas, ô mè re de mon Dieu, mes hum bles pri è res, et dai gnez les ex au cer. Ain si soit-il.

Souvenez-vous, ô très-douce vierge Marie, que jamais on n'a ouï dire que personne ait imploré votre protection sans que vous l'ayez secouru. Animé d'une parcille confiance, je cours vers vous, ô vierge des vierges, et notre mère, je me réfugie à vos pieds, et, tout pécheur que je sois, j'ose paraître devant vous en gémissant.

Ne méprisez pas, ô mère de mon Dieu, mes humbles prières, et daignez les exaucer. Ainsi soit-il.

ORAISON DOMINICALE.

No tre pè re, qui ê tes dans les cieux; que vo tre nom soit sanc ti fi é. Que vo tre rè gne ar ri ve; que vo tre vo lon té soit fai te en la ter re com me au ciel. Don nez-nous au jour d'hui no tre pain quo ti dien, et nous par don nez nos of fen ses, com me nous par don nons à ceux qui nous ont of fen sés.

Et ne nous lais sez point suc com ber à la ten ta ti on; mais dé li vrez-nous du mal. Ain si soit-il.

Notre père, qui êtes dans les cieux; que votre nom soit sanctifié. Que votre règne arrive; que votre volonté soit faite en la terre comme au ciel. Donnez-nous aujourd'hui notre pain quotidien, et nous pardonnez nos offenses, comme nous pardonnons à ceux qui nous ont offensés.

Et ne nous laissez point succomber à la tentation; mais délivrez-nous du mal. Ainsi soit-il.

SALUTATION ANGÉLIQUE.

Je vous sa lue, Ma rie, plei ne de grâ ce, le Sei gneur est a vec vous; vous ê tes bé nie en tre tou tes les fem mes, et Jé sus, le fruit de vos en trailles, est bé ni.

Sain te Ma rie, mè re de Dieu, pri ez pour nous, pau vres pé cheurs, main te nant et à l'heu re de no tre mort. Ain si soit-il.

Je vous salue, Marie, pleine de grâce, le Seigneur est avec vous; vous êtes bénie entre toutes les femmes, et Jésus, le fruit de vos entrailles, est béni.

Sainte Marie, mère de Dieu, priez pour nous, pauvres pécheurs, maintenant et à l'heure de notre mort. Ainsi soit-il.

SYMBOLE DES APOTRES.

Je crois en Dieu, le Pè re tout-puis sant, Cré a teur du ciel et de la ter re, et en Jé sus Christ, son fils u ni que, no tre Sei gneur; qui a é té con çu du Saint-Es prit: est né de la vier ge Ma rie; a souf fert sous Pon ce-Pi la te; a é té cru ci fi é; est mort et a été en se ve li: Est des cen du aux en fers; est res sus ci té des morts le troi si è me jour: Est mon té aux cieux; est as sis à la droi te de Dieu le Pè re tout-puis sant; d'où il vien dra ju ger les vi vants et les morts.

Je crois au Saint-Es prit: la sain te É gli se ca tho li que; la Com mu ni on des Saints; la Ré mis si on des pé chés; la Ré sur rec ti on de la chair; la Vie é ter nel le. Ain si soit-il.

Je crois en Dieu, le Père tout-puissant, Créateur du ciel et de la terre, et en Jésus-Christ, son fils unique, notre Seigneur; qui a été conçu du Saint-Esprit: est né de la vierge Marie; a souffert sous Ponce-Pilate; a été crucifié; est mort et a été enseveli: Est descendu aux enfers; est ressuscité des morts le troisième jour: Est monté aux cieux; est assis à la droite de Dieu le Père tout-puissant; d'où il viendra juger les vivants et les morts.

Je crois au Saint-Esprit: la sainte Eglise catholique; la Communion des Saints; la Rémission des péchés; la Résurrection de la chair; la Vie éternelle. Ainsi soit-il.

Imp. et Lith. de Nouvian.

www.ingramcontent.com/pod-product-compliance
Lightning Source LLC
LaVergne TN
LVHW012114170726
843501LV00008BC/2869